Dios también elige burros

Hacia una autoestima sana

Adrián Intrieri

CertezaArgentina

Buenos Aires 2007

Intrieri, Adrián
  Dios también elige burros – 1a. ed. – Buenos Aires : Certeza Argentina, 2007.
  144 p. ; 12x14 cm.

  ISBN 978-950-683-138-7

  1. Superación Personal. 2. Autoestima. I. Título
  CDD 158.1

Las citas bíblicas corresponden a la versión *Reina-Valera Revisada,* 1995.

Edición: Cecilia Biagini
Diseño: Walter Saucedo
Dibujos: Marcelo Mansilla

Ediciones Certeza Argentina es la casa editorial de la Asociación Bíblica Universitaria
Argentina (ABUA), un encuentro de estudiantes, profesionales y amigos dedistintas
iglesias evangélicas que confiesan a Jesucristo como Señor, y que se han comprometido
a ejercer un testimonio vivo en las universidades del país. *Informaciones en:*
Bernardo de Irigoyen 654, (C1072AAN) Ciudad Autónoma de Buenos Aires, Argentina.
Contactos: Ministerio a universitarios y secundarios: (54 11) 4331-5421
abua@ciudad.com.ar | www.abua.com.ar - Librerías y distribuidora: (54 11) 4331-5630,
4334-8278, 4345-5931 - Argentina: pedidos@certezaargentina.com.ar
Exterior: ventas@certezaargentina.com.ar - Editorial: (54 11) 4331-6651
certeza@certezaargentina.com.ar | www.certezajoven.com.ar

Impreso en Argentina. Printed in Argentina.

Contenido

¡Llegó la hora de reivindicar a los burros!

¿Alguna vez te pusiste a pensar en la 'mala prensa' que tienen los burros?

De todos los animales, son los menos *fashion* o *cool*. Ninguna persona diría 'yo quiero ser como un burro', porque para nosotros 'burro' es sinónimo de tonto, sonso, lelo, torpe, bobo, etc.

¿Por qué tendrán tan mala fama los pobres burros, y no los conejos, los marsupiales o los elefantes?

Parece que la elegancia se reservó para las cebras,

la belleza para los pavos reales, la fuerza para los caballos y la alegría para los delfines.

¡Nada quedó para los olvidados burros!

Hay muchas personas que se sienten como 'burros'. Sienten que no valen, que son torpes, que nadie los tiene en cuenta, que jamás van a hacer algo importante, que serán eternos desconocidos, que a nadie le importa si están o si no están. Si te sientes así, este libro es para ti. ¡Llegó la hora de reivindicar a los burros!

Quiero que reconozcas lo valioso que hay dentro de ti. Y que descubras que **Dios también elige burros.**

La Biblia cuenta de qué forma Dios utilizó a burros dentro de su plan perfecto. Dios podría haberse valido de los caballos, o con un simple chasquido de sus dedos haber solucionado los problemas. Pero no lo hizo.

¿Sabes a quién usó Dios?
¡A los burros!

Miremos dos casos de burros en la Biblia que fueron herramientas de Dios. ¿Los convirtió el Señor en 'bellos caballos blancos'? ¡No!

Siguieron siendo los mismos. Si los burros se hubieran convertido en caballos, Dios no los hubiese usado, porque el Señor quería burros y no caballos. ¿Entiendes? Tú y yo hubiésemos elegido el corcel más potente de la zona, de color negro azabache, imparable como un rayo. Pero el Señor nos hubiese dicho, 'gracias muchachos pero tengo mis propios planes', y hubiera elegido al burro. **El Señor elige con parámetros distintos a los nuestros.** Miremos el ejemplo de la burra de Balaam (esta historia se encuentra en la Biblia en el libro de Números capítulos 22 al 24).

El viaje que jamás olvidaré

Balaam era un vidente muy conocido en la tierra de Petor en la Mesopotamia. Fue contratado por Balac, rey de los moabitas, para maldecir al pueblo de Dios que se acercaba a esas tierras. **Balaam consultó a Dios y éste le prohibió actuar contra el pueblo de Israel.** Balaam insistió en pedir permiso a Dios para maldecir al pueblo. Digamos que Balac había seducido al vidente con muchos regalos. Dios reconoció la avaricia de Balaam y le permitió salir al camino con la intención de recibir coimas por su maldición.

11

Balaam pensaba en lo que iba a hacer con lo que cobraría. Sólo debía decir un par de maldiciones y volverse con los regalos. El plan parecía perfecto, pero estaba en contra de la voluntad de Dios.

Suspiro, el asna de Balaam, sentía (como muchas adolescentes) que las cosas no estaban bien en su vida.

Se sentía avergonzada de sí misma.

Sentía que era anormal.

Se sentía como un 'bicho raro'.

No podía decir lo que pensaba. Era muy tímida.

Para colmo, su dueño era hostil con ella. Solía maltratarla y agredirla. Su autoestima estaba por el piso.

Esa mañana su dueño Balaam estaba más apresurado que de costumbre. Mientras agredía y golpeaba a la joven Suspiro, decía que ese iba a ser un gran día de paga. El asna no entendía nada pero se puso en marcha para llevar a su amo.

A mitad de camino ocurrió un hecho que cambiaría su historia.

¡Cómo le gustan al Señor los caminos!
¡Él sale siempre al 'encuentro'!

Mientras Suspiro caminaba lentamente y recibía *una que otra azotada,*

se le apareció un ángel con una espada de fuego, cortando el camino. Primero Suspiro trató de ir por otro camino y Balaam la azotó. Después la burrita se pegó contra la pared y apretó el pie de Balaam, y otra vez Balaam le pegó. Pero el ángel se le puso adelante de Suspiro y no había manera de que ella avanzara por otro sitio. Del miedo que sentía, se tiró al piso. Como Balaam no veía

14

nada volvió a azotarla. Tal era la desesperación de la reservada Suspiro, que el Señor abrió su boca y comenzó a hablar. A los gritos, pudo decirle a su amo: '¿Qué te he hecho, que me has azotado estas tres veces?'

¡Milagro!

¿Te imaginas si un animal *comienza a predicarte?*

16 Balaam quedó boquiabierto, ¡ni los animales lo respetaban!

Suspiro le dijo: '¿No soy yo tu asna? ¿Acaso acostumbro a comportarme así contigo?'

En ese preciso momento Dios abrió los ojos

del profeta y pudo ver al ángel y su espada
por un lado y a Suspiro hablándole por el otro.
Entonces el ángel dijo a Balaam que siguieran
adelante, pero que sólo debía decir a Balac lo que
Dios le indicaría.

Suspiro no sería la misma a partir de ese
momento. Ya no seguiría siendo la tímida del
corral, ahora sería la única asna de la Mesopotamia que habló. A partir de ahora sería 'única'.
El Señor había utilizado a Suspiro y ella no lo
olvidaría jamás.

Cuando Dios está contigo te hace 'especial', 'único'.

No todos se sienten especiales y únicos. Miles de jóvenes viven angustiados, avergonzándose porque sienten que no son lo que quisieran ser. **Se sienten los burros de sus propias historias.**

No conocen el valor que tienen, porque construyeron una imagen distorsionada de sí mismos. Dentro de estos 'burritos' están los que se sienten inferiores y los que se sienten superiores. Dos puntas opuestas que parten de una mala autoestima, de una falsa apreciación de nosotros mismos.

Antes de seguir quiero recordarte que la autoestima es cuánto nos queremos y nos valoramos a nosotros mismos.

Caza
fantasmas

Quisiera que pensemos sobre las personas que se sienten inferiores. En general, este sentimiento viene de experiencias del pasado. Son como fantasmas que nos persiguen.

Algunos dicen que 'el tiempo borra todas las heridas', pero eso es una mentira más grande que un hipopótamo. Sólo las amasa, empaca y guarda hasta que ¡zaaaazzzz!, aparecen en el momento menos esperado.

Esta es la historia de Gisela. A simple vista, tenía un noviazgo de película. El novio perfecto. Ella, una princesa. **Todo aseguraba un final feliz como en los cuentos de hadas.** Pero abruptamente, Gisela decidió terminar con su noviazgo.

Algo hacía que maltratara a su novio continuamente. Estaba convencida que él, tarde o temprano, la abandonaría por otra chica. Este era su fantasma. El fantasma de la inseguridad. Juan, su novio, era muy responsable. No quería abandonarla y mucho menos hacerla sufrir, pero no soportaba estar dos días bien y tres mal.

Lo extraño era que Gisela amaba profundamente a Juan, pero esos sentimientos hostiles eran más fuertes que ella.

A Gisela le había sucedido algo en su infancia que la hacía sentir insegura y la empujaba a estar a la defensiva contra Juan. Algo que, a la vez, la hacía sentir despreciable y sucia.

Cuando Gisela era niña, un pariente la había manoseado en varias oportunidades. Esta situación la llevaba a sentirse despreciable ante alguien que le demostrara verdadero amor. Y por supuesto la hacía sentir el ser más bajo del universo. Su autoestima estaba por el piso. Sentía que no valía nada. Por eso no podía recibir el amor sincero de Juan.

Gisela había sido marcada por el abuso, y ahora su forma de actuar estaba siendo influenciada por la mala imagen que este abuso había provocado.

Muchas personas han sido marcadas *por experiencias dolorosas*

de abuso físico, emocional o sentimental, y viven perseguidas por los fantasmas de estas experiencias. Sienten que no valen ni una moneda partida en dos. Todo lo que nos toca vivir va formando nuestra manera de ser. Y de estas marcas surgirán muchas de nuestras conductas.

Una situación como la que vivió esta joven nos marca profundamente. Pero esto no significa que debemos dejar que el pasado nos condicione para siempre. Podemos convertirnos en 'cazafantasmas'. Podemos hacerle frente y ser vencedores.

¡Desenmascaremos juntos este problema!

Cuando somos niños estamos indefensos frente al abuso de un adulto. Un niño no tiene ni la fuerza física ni la madurez para escapar. Mucho menos tiene poder para detener el abuso. **Sería como querer detener un terremoto con cinta adhesiva.**

Los niños también están indefensos porque desde bebés nos dicen que debemos obedecer y respetar a los mayores. Pero, ¿qué sucede cuando estos mayores son personajes siniestros que producen abuso y dolor?

Si sufriste un abuso, lo primero que debes entender es que

¡no eres culpable de lo que sucedió!

¡Eras sólo un niño o una niña! No contabas con las armas necesarias para defenderte.

Inclusive muchos jovencitos sufren abusos porque no tienen las herramientas para defenderse,

30 **¡pero no son culpables!**

Cuando comprendes esto, comienza tu sanidad. Necesitas saber que no mereciste vivir esa situación y que no fue tu culpa. Y lo bueno es que Dios puede sanar las heridas del pasado.

Dios puede sanarte
de las heridas

provocadas por cualquier tipo de abuso, y enseñarte a vivir orgulloso u orgullosa de ti misma. Este es un proceso largo pero seguro que te llevará a la victoria, porque no hay marca que no pueda ser removida por la mano sanadora de Dios.

Hoy puedes hablar con él de lo que pasó. La oración es una herramienta indispensable

para que cada herida del pasado sea cicatrizada y borrada para siempre. Dios te ayudará a comprender y aceptar lo importante que eres.

¿Qué tienes en tus manos?

Muchas veces nos cuesta darnos cuenta cuánto valemos realmente, porque pensamos: 'Yo nací así de bruto, de feo, de lindo, de tonto o de inteligente.' Y nos parece que hoy somos exactamente iguales al día cuando nacimos. **¡Dios quiere que descubras realmente quién eres!**

Te invito a que pensemos en una idea que al principio **puede sonar algo 'extraterrestre'**, pero te prometo que ¡te va a sorprender! Es el concepto 'potencialidad'.

Para entenderlo hay que pensar en dos momentos: uno en acto y otro en potencia. La forma de acto es lo que somos actualmente, **la condición que nos toca vivir en este momento, con todas nuestras limitaciones, lo que somos hoy, lo que vemos.**

Pensemos en un ejemplo. Si tuvieras una semilla de roble en tus manos. ¿Qué verías? Sólo una pequeña semilla de roble. Pero eso **es mucho más que una semilla.** *Es un árbol.*

Una semilla en acto, pero un árbol en potencia. Porque esta simple semilla esconde la posibilidad de ser un roble impresionante. Si la sembramos y germina, la regamos, la abonamos y crece, ni en la imaginación podrías tenerla entre tus manos.

¡Será un gran árbol!

Así es también nuestra vida. Somos algo en acto y algo en potencia. Yo soy un pecador, ¡pero redimido! Sí, soy pecador, pero **Dios me ve en potencia** y me ve como una obra terminada. Por medio de Jesús, él me ve como un santo. Ve mi potencialidad, lo que él puede hacer conmigo. Es como si me guiara a sembrarme, germinarme, regarme y abonarme para crecer en su voluntad y llegar a ser lo que él tiene pensado que yo sea.

Jesús entendía bien *la idea de potencialidad.*

Eso se nota en su manera de conocer el valor de sus discípulos, aunque ellos eran bastantes cabezas duras. ¡Eran bien 'duraznos'!

La Biblia cuenta una historia en la que Jesús enseña que Dios puede transformar las cosas que vemos hoy en algo que ni nos imaginamos. (Esta historia puedes leerla en cualquiera de los cuatro Evangelios de la Biblia).

Cierto día Jesús estaba con sus discípulos y una multitud de personas. Todos tenían hambre, y los discípulos le sugirieron a Jesús que los

echara para que pudieran irse a comprar algo de comer.

—Denle ustedes de comer —les respondió Jesús.

¡Me imagino la cara de los discípulos!
Se mirarían unos a otros, como diciendo:
—¡Claaaarroo, denle ustedes de comer!
¿Qué fácil, no?—
—¿Tienes algo? —diría uno.

—Yo tengo para una pizza y un jugo —le habrá respondido otro.

—Sí, ¿pero se fijaron cuánta gente hay? —acotarían los demás.

Jesús los volvió a sorprender, cuando les dijo:

—¿Qué tienen en la mano?

Jesús veía la situación en potencia.

—¡Sólo tres panes y dos peces! —le contestaron.

Eso era en acto, pero Jesús miraba en potencia. Jesús levantó lo que había en acto, lo bendijo, y lo hizo potencia. Miles de personas comieron y hasta sobró.

43

Los fantasmas del pasado, los complejos, las inseguridades, pertenecen al 'acto', a lo que ahora tenemos o somos.

La restauración de Jesús puede hacerte vivir una vida donde te sientas conforme *contigo mismo.*

Eso es 'potencia', es todo lo que puedes llegar a ser o tener.

Frente al abuso emocional, sentimental o aun sexual es importante saber que no todo está perdido. Dios tiene la última palabra. En todas las situaciones, no importa cuán terrible haya sido. Él te ve en potencia: no ve un joven o jovencita abusada, sino una piedra preciosa, de mucho valor. Comprenderás que el verdadero

valor está en lo que eres para él. **Cuando piensas en ti mismo, debes mirarte en potencia, no en acto.** Y debes animarte a seguir la voluntad de Dios para tu vida. Dios tiene planes para ayudarte a madurar. ¡Y qué bueno que sea así! No importa cuáles son tus limitaciones y complejos actuales, todavía hay mucho camino por recorrer. Muchas experiencias por vivir. Mucho por crecer. No eres una obra terminada, ni mucho menos una obra incompleta.

¡Dios será fiel en terminar
lo que comenzó a hacer en tu vida!

marcelomansilladib@hotmail.com

Destruyendo al monstruo del Lago Ness

Ya miramos cómo las experiencias de abuso afectan nuestra autoestima. Vamos a ver qué pasa con nuestra apariencia física.

Muchos se definirían a sí mismos diciendo: '¡Soy horrible!'

En la iglesia donde me congregaba conocí a Mario, un joven que odiaba el mar, la piscina y ¡que sé yo cuántas cosas más!

Era bastante detestable ir de paseo con él, si lográbamos que viniera. Todo el tiempo estaba haciendo reclamos, criticaba todo. Gruñía en todo momento. **Ya sabemos lo necesario que es el humor para la vida.** Como yo sabía que el mal humor no es hereditario, siempre me preguntaba cuándo habría adquirido Mario ese constante 'humor de perros'.

Mientras que el grupo se divertía en la pileta del campo, a él se lo veía caminar a lo lejos. Debo admitir que sus quejas y críticas me enojaban mucho, porque no podía comprender por qué teníamos que estar continuamente esquivando ser el blanco de su descarga de ira...

Hasta que un día hablé con su madre y descubrí el dolor que Mario escondía. Su madre me compartió que su hijo había nacido con

tres tetillas en lugar de dos, y se sentía deforme. **Muchas veces un pequeño defecto puede convertirse en todo un problema,** y hacernos sentir como si fusemos el monstruo del Lago Ness.

Ahora que ya sabía lo que significaba para Mario soportar la angustia de enfrentarse con sus sentimientos de deformidad, me sentí avergonzado por haberme molestado con él. Su problema físico había desencadenado su mala autoestima.

Eso es muy común. A veces la forma de identificar a amigos y compañeros es ponerle apodos: el 'chueco', el 'gordo', el 'narigón', el 'bizco', el 'flaco', el 'laucha', el 'sapo', el 'topo', el 'cuatro ojos', etc. No tomamos conciencia de que podemos estar provocando un sentimiento de inferioridad.

Hay jóvenes que sienten que la única posibilidad de ser aceptados por el grupo es haciendo el papel de bufones. Pero esto provoca un dolor muy profundo.

Todos los jóvenes, tanto mujeres como varones, se preocupan por tener una buena imagen. ¡Nunca es un tema resuelto!

Muchos suponen que sólo los lindos son felices. Esta es una mentira que nos han impuesto y que debemos desterrar.

La verdad es que la belleza externa es tan pasajera como un estornudo. Así de rápido se va, con el paso del tiempo. Si pensamos que el cuerpo alcanza su plenitud física entre los 20 a 25 años, y luego comienza paulatinamente a envejecer,

¡no es negocio poner la confianza *en la belleza física!*

El interior sigue siendo lo más importante.

La belleza verdadera no tiene nada que ver con la imagen exterior.

La forma de ser y de comportarnos es lo que hace que seamos *lindos y atractivos*.

¿Quieres desterrar de tu vida al monstruo del Lago Ness? Puedes hacerlo, si comprendes la importancia que tiene ser atractivo como persona. Eso es lo que no cambia con el paso del tiempo.

¿Quién mejor que Dios para hablarnos de esto? Él tiene toda la autoridad para hacerlo, porque él nos creó.

Dios conoce aun lo profundo de nuestro ser. Él tejió cada centímetro, cada pulgada de nuestro cuerpo. Nada se ha escapado de su voluntad y todo lo que él hace es bueno.

Por eso siempre me pregunté: Si es así,

¿por qué nos sentimos tan insatisfechos *por como somos?*

Si lo que Dios hace es siempre perfecto, entonces quiere decir que nuestra forma de vernos a nosotros mismos está desfasada en algo con lo que Dios hizo.

Y esto nos pasa a todos, incluyendo a los que nos parecen perfectos.

La verdadera satisfacción no se logra por la hermosura sino por sentirse valiosos.

La clave está en entender que

Dios te ha creado como *una persona hermosa y valiosa.*

Esto significa que no pasas desapercibido delante de Dios. Fuiste moldeado por sus manos y él ha puesto un inmenso amor en su obra. Dios te ama entrañablemente, porque te hizo dentro de un plan perfecto que él llevará a cabo.

El complejo
de la belleza
lindos, inteligentes y abandonados

Antes te decía que es mentira que los lindos, sólo por ser lindos, son felices. Tal vez piensas que los populares, los atractivos, los ricos, los musculosos o los inteligentes no pueden tener una mala construcción de la autoestima. ¡Te equivocas!

Muchos pasan a ser los 'genios' del grupo. Su inteligencia es superior al promedio. Pareciera que están obligados a ser perfectos. Entonces les cuesta demostrar sus sentimientos y sienten una gran presión a no cometer ningún error en su vida. Como los sentimientos siempre vienen acompañados de errores, los que quieren ser perfectos prefieren abandonar la idea de demostrar lo que sienten.

¿Nunca te volviste 'medio tontito' frente a la chica que te deslumbró o al chico *que te dejó con la boca abierta?*

Esas personas necesitan tener todo bajo control. Eso fue lo que me dijo Esteban unos años atrás.

Yo me quedé perplejo y me preguntaba qué podía haber sucedido para que un adolescente de quince años decidiera ser tan frío. Le costaba mucho relacionarse y tener amigos.

Mis preguntas se respondieron cuando conocí a su padre. Al entrar a su casa se podía respirar un aire de intelectualidad y estudio.

Primero me deslumbré y quedé enamorado de aquella habitación llena de libros de todo tipo. Pero después me decepcioné cuando observaba el trato del padre hacia Esteban.

Era muy distante y expresaba continua desaprobación. Esteban se había acostumbrado a convivir con la 'necesidad' de ser aprobado por su padre, y hasta olvidándose de sus propias necesidades y gustos. Sentía que podía perder el cariño de su padre quien, aparentemente, sólo amaría a un hijo perfecto. Esto desvirtuó la imagen que Esteban tenía de sí mismo. Sólo podía valorarse y sentirse querido si no cometía errores.

¿Puedes imaginarte lo difícil que era vivir así?

68

Dios nos ama tal cual somos. Él nos conoce y conoce nuestros límites.

Dios sabe que somos *una máquina de cometer errores.*

Tener una autoestima buena es también aceptar que podemos equivocarnos.

Que no somos perfectos. Y que eso no cambia nuestro valor como personas. Podemos descansar en el amor de Dios. **¡Él nos ama más allá de lo que somos o lo que no podemos ser!** ¡Qué bien que suena eso!, ¿no?

Encontrando
el punto
cero

Ya hemos mencionado casos de jóvenes
con baja autoestima por experiencias dolorosas,
por defectos físicos o porque los demás les

exigen demasiado.

Ahora vamos a pensar en la mala construcción de la autoestima, pero por sobrevalorarse.

No sólo tenemos una imagen desvirtuada cuando nos sentimos menos, sino también cuando nos sentimos *superiores a los demás.*

Grafiquemos una escala de nuestra autoestima:

En el caso de Gisela, que había sido abusada, ¿dónde pondrías el valor que ella se daba? El sufrimiento había desfigurado su imagen. Gisela se desvalorizaba. Podríamos decir que su autoestima estaba en un −3. ¡Era muy baja!

En el caso de Mario podríamos decir que su valor estaba en un −4. Mario no se soportaba. Siempre estaba de mal humor.

Así como ellos, cualquiera de nosotros podría valorarse menos de lo que en realidad vale.

¿Qué sucede cuando nos sentimos tan desvalorizados y no soportamos esta situación? Desde nuestro interior surge la necesidad de compensar esta desvalorización.

De sentirnos −3 ó −4, pasamos, por compensación, a sentirnos +3 ó +5. Es decir que nos sobrevaloramos. En la mayoría de los casos las personas que se creen superiores a las demás, esconden una desvalorización muy profunda.

Conocí en una oportunidad a un joven que, según él, había logrado los niveles más increíbles en todos los temas que hablábamos, se estaba convirtiendo en lo que llamamos un 'insoportable'. En cada conversación Javier estaba presente con sus experiencias. Los demás nos dábamos cuenta que sus mentiras estaban llegando a límites que rozaban lo ridículo.

Algunos aprovechaban para divertirse a costa de él, contando historias a propósito para ver su reacción. Durante los años que estuve compartiendo ese grupo de amigos, escuché las historias más descabelladas. Javier era un sobrevalorado, pero en lo profundo escondía un sentimiento que lo humillaba.

Con esas historias, por más alocadas que sonaran, podía hacerle frente a su problema de baja autoestima.

Hay muchas maneras de expresar superioridad: una mirada de desprecio sobre aquellos que creemos están por debajo de nuestro nivel, el creer que somos los mejores, que somos indispensables, que el mundo no tendría sentido sin nosotros o que el sol sale por la mañana sólo para vernos despertar... cada una de estas actitudes esconde un profundo sentimiento de desvalorización. Pero Dios quiere que te sientas valioso por lo que eres; Él no quiere que necesites ostentar algo que en realidad no eres.

El valor de nuestra estima *debería ser el '0'.*

El punto de equilibrio.

Ahora bien, mi punto '0' no es igual a tu punto '0'. No es lo mismo el punto '0' de Adrián que el punto '0' de Bill Gates.

Él tendrá que confrontar sus propias debilidades y yo las mías. Cada uno es diferente, por eso lo peor que alguien puede hacer para definir su autoestima es compararse con otro.

Cada uno de nosotros *es una pieza única para el Señor.*

Alguien con autoestima demasiado alta se valora más de lo que vale, alguien con baja

autoestima se valora por debajo del valor real. El secreto está en reconocer el valor justo. Ni caro, ni barato. **Nuestro trabajo es descubrir cuál es nuestro propio punto '0'.**

¿De qué sirve que me digan que soy el mejor
deportista del barrio, el flaco más atractivo,
el mejor profesional de mi especialidad, el más
popular de la escuela, en síntesis...

¿De qué sirve que me digan que soy el mejor del mejor, si *no lo soy?*

Eso no es darme valor, eso es querer venderle un
buzón a la gente y a mí mismo.

¿Quién dijo que hay que ser el mejor?

¿Quién inventó que hay que ser el más lindo?

¿Quién fijó que hay que convertirse en el
más popular?

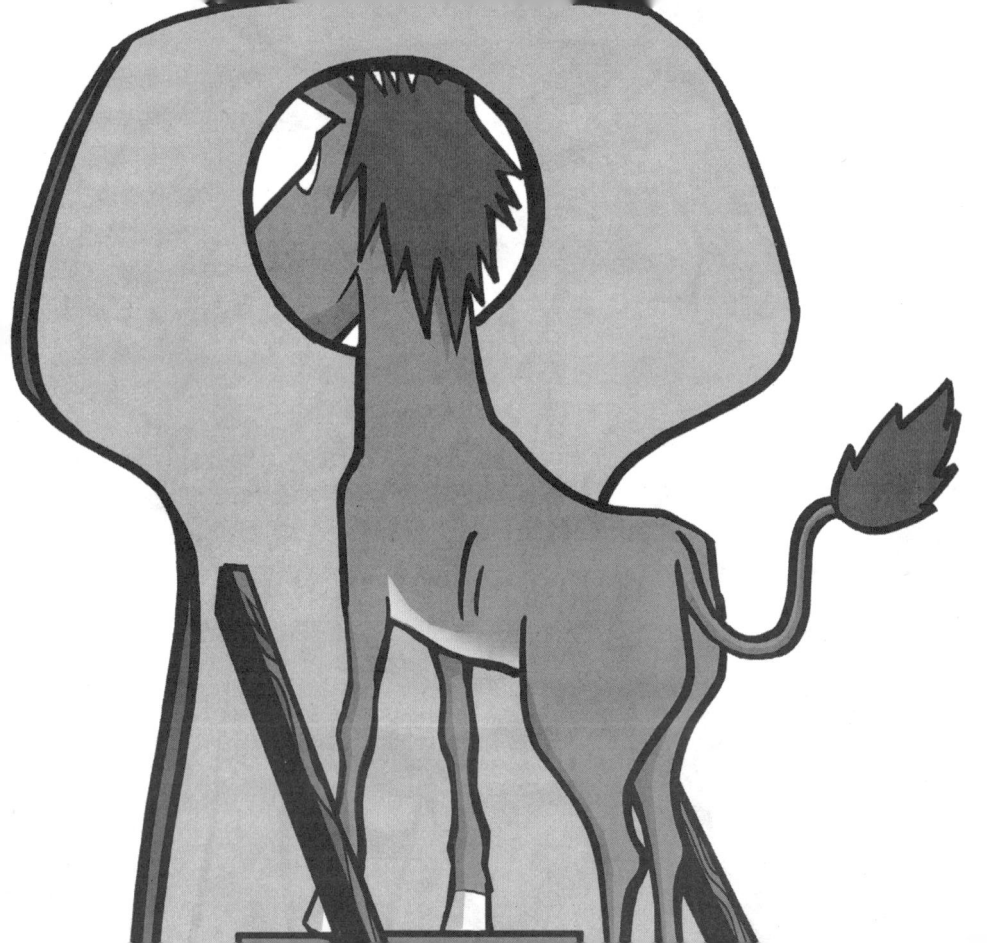

Si hiciéramos una lista de los mejores, nos daríamos cuenta que en el mundo serían felices unos 100 ó 150 jóvenes. ¿Qué pasaría con los miles de millones restantes?

¡Hay algo que no cierra!

¡Fueron, son y serán felices aquellos que saben hacer lo que a Dios le agrada! Cuando pensamos que la felicidad llegará por estar entre los 100 ó 150, nos desvivimos y le erramos al objetivo. En cambio, muchas personas que llegaron a tener el privilegio de ser una 'estrella' o un 'famoso siervo de Dios' se dieron cuenta de que la felicidad no se encuentra en el podio ni en el pedestal.

Mucho más que algunas manchas

Encontrar el punto justo de nuestro valor comienza por darnos cuenta de que no todo lo que otros nos dicen es verdad.

Muchos pretenden decirte cuánto vales, pero se equivocan. Eso le pasaba a Luciana. Cuando la conocí, había dejado de respetarse porque su novio vivía marcándole los errores.

Siempre le decía que no era espiritual porque tenía dudas y preguntas, y él consideraba que esas dudas la separaban de Dios.

Yo le dije que no debía pensar en que Dios la había abandonado por sus luchas y sus dudas.

Luciana había sufrido ese abuso espiritual por mucho tiempo, y ahora sentía que Dios no la aceptaría.

¿Nunca te preguntaste por qué muchas de las obras de arte parecen tan feas y de todos modos se paga fortunas por ellas?

¡Algunas me parecen *realmente horripilantes!*

Para mí, sólo son algunas manchas. En realidad, eso se debe a que no sé absolutamente nada de arte.

¡Tal vez me digan que sólo un ignorante como yo diría semejante barbaridad! En cambio, el pintor que hizo esa obra sí sabe cuánto vale.

Mi desvalorización
surge de mi ignorancia.

Si queremos saber cuánto vale una obra
de arte, tenemos que hablar con el dueño y
averiguar cuánto se debe pagar para tenerla.
Seguramente nos asombraremos porque
descubriremos que son mucho más que algunas
manchas, y que el precio es altísimo.

Lo mismo sucede con nosotros.

Autoestima sana es ponerse un valor justo.

¿Cómo defines tu valor? ¿Quién puede tasarte?

Sólo Dios sabe el precio justo de cada uno.

Lo sabe porque no sólo es tu Creador sino que pagó con la vida de su Hijo Jesús por ti.

Tener una autoestima correcta es saber cuánto valemos para nuestro Dueño y Creador: Dios. Él te dice: ¡Tienes que valorarte por lo que eres! Sólo el especialista en la creación es el que tiene la última palabra en el tema. Los demás pueden dar sus opiniones pero sólo Dios te conoce al máximo.

Es importante que puedas entender que cuando Cristo dio su vida por ti, cada gota de sangre derramada en la cruz, cada gemido de dolor, llevaba tu nombre, tus planes, tus complejos. Cada uno de aquellos gestos de amor te ponía un precio.

Él pagó con su vida por ti.
¡Fue justamente eso
lo que hizo que hoy valgas mucho!

Valorizar y no desvalorizar

Así como otros pueden equivocarse cuando nos ponen un valor, también nosotros hacemos lo mismo con los demás. Podemos sobrevalorar o desvalorizar, según cómo sea nuestra forma de valorarnos.

Esto es muy común en las parejas de novios, cuando él o ella idealizan tanto a su pareja que no ven errores aunque existan.

—¡Es tan hermoso! ¡No hay hombre como él! —y uno los mira y dice:

Bue... ¡Es amor!

Es dañino sobrevalorar a alguien, porque perdemos de vista cuál es su imagen real.

Susana era una jovencita muy activa que se puso de novia con Carlos, un joven de la iglesia.

Al comienzo parecían muy felices, pero al cabo de un tiempo Susana cambió su comportamiento. No se vestía como de costumbre, no participaba de las actividades, comenzó a abandonar cada una de las tareas en las que había participado. Lo que más me llamaba la atención era que su semblante se había transformado. Tenía un rostro triste. Con el paso del tiempo sucedió algo que para todos era obvio: terminaron separándose,

luego de dos penosos años. Me acerqué a Susana,

que con mucho esfuerzo volvía a insertarse en el grupo, y le pregunté qué era lo que había pasado. Con vergüenza me respondió que **se había acostumbrado a considerar a su novio más importante que ella misma y que el Señor.** Lo había sobrevalorado hasta por encima de su propia vida.

Esto es algo muy común en las parejas de jóvenes. Debemos tener cuidado cuando escuchamos: 'Yo sólo vivo para mi novia' o 'Mi novio siempre tiene la razón en todo.'

Hay que saber dar a los demás *el valor que deben tener.*

A esto llamaremos 'estimación'. Estimar es darle a tu prójimo el valor que le corresponde. De la manera en que tú te valorizas, valorizarás a los demás.

Para esto debemos tener un orden claro. Yo lo pondría en este orden:

Primero la opinión de Dios, que de esto sabe mucho, porque él nos hizo.

Segundo la mía, mirándome sinceramente.

Y tercero la de los demás. No te puedes 'cortar solo' en esta vida. No existen los llaneros solitarios. Fuimos creados con la necesidad de otros. En alguna medida somos dependientes de los demás, y por sobre todo dependientes de Dios.

¿Has notado que a medida que vamos conociéndonos mejor, caemos en la cuenta que Dios es más inteligente que nosotros?

¡Y qué bueno que sea así!

Uno de los secretos más potentes de nuestro Padre es que 'mientras nosotros miramos lo que ven nuestros ojos, él mira el corazón'. ¿Qué significa esto?

El espejo muestra sólo un aspecto, tal vez el menos conveniente.

Yo supongo que Dios (que sabe mucho más que nosotros) nos hizo con la trampita de que lo importante esté en nuestro corazón, porque sabe que nunca nos conformamos con lo que ven nuestros ojos; siempre después de un ratito queremos más. Lo que hoy nos resulta emocionante, mañana ya no lo es tanto y pasado ni me acuerdo.

Las cosas pierden valor para nosotros.

A veces me entero de modelos o actrices que se hicieron una operación acá, otra allá, y otra por aquí... porque se veían feas. ¡Por favooorrr! ¡Qué me queda a mí, entonces!

Para aprender a estimar correctamente a los demás, la base es que aprendamos a valorarnos adecuadamente *a nosotros mismos.*

Quiero desafiarte a que trabajes para construir tu verdadero valor. Puedes estar seguro de que no es imposible.

Un buen ejemplo

El profeta Daniel es un claro ejemplo de un joven que conocía cuál era su verdadero valor y quién era su modelo a seguir (esta historia se encuentra en la Biblia en el capítulo 1 del libro de Daniel). No permitió que lo presionaran a comer los manjares de la corte, ni a adorar al rey. Ambas conductas iban en contra de sus principios y de la voluntad de Dios. Daniel sabía cuál era el valor para su Dios. Por eso no se permitiría contaminarse y deshonrar a su Señor.

Su modelo era Dios y su camino era el de él.

Conocer su justo valor hizo que los demás también le dieran un alto valor.

Un joven con principios tiene más valor para los demás que uno que puede traicionarte en cualquier momento. Daniel tenía personalidad, principios, fidelidad, autoestima… y eso hizo que los demás lo tuvieran en alta estima.

Tal vez recibas presiones para que tu autoestima sea baja, para que te desvalorices. Pero tú puedes resistirlas.

Si tienes convicciones claras, los demás sabrán que eres un joven o una jovencita de principios *y de autoestima justa.*

Si Daniel no hubiese conocido a Dios, no hubiese conocido el valor que Dios le daba y el valor que él mismo debía darse. No hubiese podido soportar las presiones sobre sus convicciones ni la lucha con la muerte. Pero Daniel era valioso, más que la mismísima muerte. Prefería morir antes que desvalorizarse. ¡Tú también puedes escribir tu propia historia!

Un encuentro especial

A lo largo de nuestra vida nos relacionaremos como amigos con alrededor de cien a ciento veinte personas. Pero te aseguro que ningún encuentro será más grandioso que

el cruce con aquel que puede revolucionar toda tu vida.

Y lo bueno es que no hace falta ser el Schwarzenegger de la amistad para conocerlo.

En una oportunidad me preguntaron, en una encuesta callejera, cuál había sido la persona más influyente en mi vida. No tardé mucho en responder. No mencioné a Maradona, a Gandhi, a Freud, a Ricky Martin ni a Bart Simpson. **Hablo de aquel que me enseñó lo valioso que yo era: Jesús.** A mí me pasó lo mismo que le sucedió al triste burrito del corral que quiero presentarte.

El burro de Belén

Bartolo era un burro inseguro, y para su gusto la familia donde él estaba recibía demasiadas visitas. En esos días habían pasado docenas de personas. Bartolo se ponía muy nervioso.

Todos en el corral conocían a Bartolo como el animal más miedoso e inestable. Nunca se animaba a hacer nada más allá de su rincón en el pesebre.

Cuando lo invitaban a salir, apenas atinaba a pronunciar siempre la misma frase:

¡No puedo, sólo soy un burro!

Y agachaba sus largas orejas y se recostaba a masticar una ramita seca.

Lo más importante que había hecho era llevar unos pocos trozos de leña hasta el otro lado de Belén. **¡Toda una proeza!**

Bartolo solía soñar con las batallas ganadas por David y le gustaba pensar que él formaba parte del escuadrón de caballería... pero siempre había alguna avispa que lo despertaba picándolo en sus largas orejas de burro, y lo volvía a la realidad.

Tenía una vida monótona y aburrida. Nada importante pasaría en los largos días de vida que tuviera. Es más, si existiera la oportunidad de hacer algo valiente, no podría tomarla, ¡por miedoso!

En el pesebre hacía unos días que todos estaban muy emocionados (la historia a la cual hago referencia es el nacimiento de Jesús, y puedes encontrarla en el Evangelio de Mateo, capítulos 1 y 2). Hablaban de lo hermoso que era el niño. Bartolo escuchaba el llanto del bebé pero no se había animado a acercarse. Aunque había tenido oportunidad de conocer niños, sabía que Jesús era un niñito diferente.

Una mañana, José armó rápidamente una improvisada maleta y se dirigió al corral.

Se acercó al burro, lo acarició y comenzó

a prepararlo para la rápida salida.

Bartolo retrocedió sintiendo que el miedo se apoderaba de él. José lo acarició y con voz suave y segura le dijo:

No temas, el Señor
está de nuestro lado

y podremos escapar. Quiero que seas valiente, porque de todos los animales él te ha escogido.

Bartolo se sintió distinto, dejó de lado el temor. Pensó en ese niño tan especial, en lo que le provocaba escucharlo. Se levantó y por primera vez, sabiendo que no era un sueño, se sintió parte del ejército de David.

Quizás en este momento te sientes como Bartolo o como Suspiro, la burra de Balaam: el miedo, la impotencia de sentirte inservible, los complejos que te paralizan a la hora de relacionarte con los demás, el peso del recuerdo de un momento muy duro, la carga de una historia familiar que no te fue fácil soportar, etc. Como esos burritos, muchas veces nos sentimos desencajados, tristes, menospreciados y olvidados. Burritos sin valor. Pero recuerda:

Dios te ha elegido, y él quiere completar *su obra en ti.*

Quiere ubicarte en lugares altos y hacerte sentir *útil y amado.*

No existen personas, historias, conflictos, traumas ni palabras que puedan contra la perfecta voluntad de Dios, quien nos demuestra que a pesar de todo lo que este mundo diga, Dios también elige burros. Anímate,
¡él está esperándote con los brazos abiertos!

Matías y Micaela
!Este libro no hubiese existido
sin ustedes!
Ambos hacen de mí,
el padre más feliz del mundo.
Los amo.

Adrián

![el amor de mi vida. Germán y Daniela Ortiz. ¿Quién será? Certeza Argentina | Lagram](book cover)

¿Quién será? ¿Cómo puedo estar seguro?

**Soy parte
del equipo**
de los que no
se avergüenzan.
Tengo el poder del
Espíritu Santo.
Soy discípulo
de Cristo.
No miraré atrás.
No me rendiré.
Si puedes hacer tuyas estas
palabras, eres un discípulo peligroso.
Un rebelde por la causa de Cristo.

Certeza

REBELDES CON CAUSA

LUCAS LEYS

SÓLO PARA ALGUNOS

Claves para relaciones profundas y duraderas.

Germán Ortiz

ser amigos

Certeza LA.GR.AM.

Certeza Argentina | Lagram

Certeza
LIBROS QUE IMPACTAN

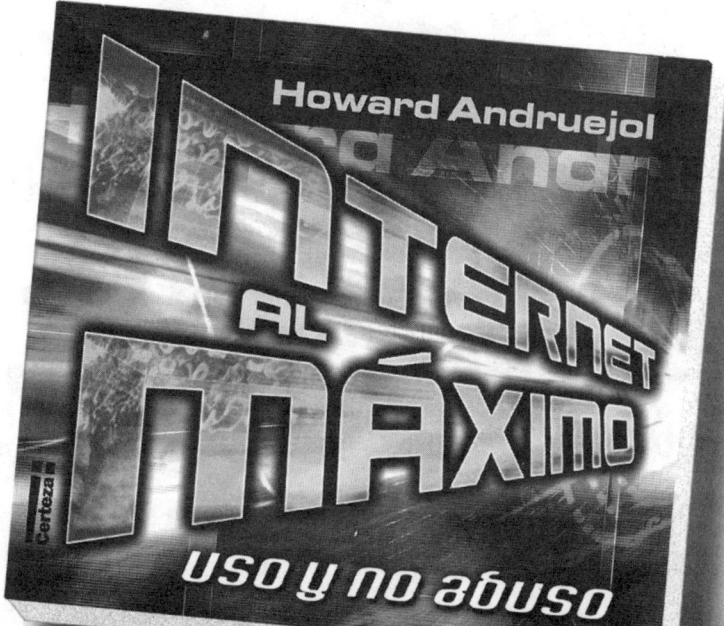

Enseñanzas que te llenan de vida.

Certeza
LIBROS QUE IMPACTAN

El verdadero plan de Dios para la plenitud sexual.

Ayudándote a decidir.

Certeza
LIBROS QUE IMPACTAN

cómo cumplir **tus sueños**

Lucas Leys

Certeza Argentina | Lagram

Los sueños de Dios para nuestra vida.

Certeza

LIBROS QUE IMPACTAN

no seas dinosaurio

Lucas Leys

Certeza | LA.GR.AM.

Guía de supervivencia espiritual

Certeza Argentina | Lagram

¡No te extingas!

Esta edición se terminó de imprimir en Roberto Grancharoff e hijos,
Tapalqué 5868, (1440) Capital Federal, Argentina,
en el mes de Abril de 2007.